趙炳華

第53宿

넘을 수 없는 세월

東文選

넘을 수 없는 세월

一生을 시골 에서 시골 살아 왔지마는
두뇌에 약간 고장이 나서 더 이상
창작생활을 할 수가 없습니다.

따라서 이 시집(5-3)으로 끝을 맺을나
하는 겁니다. 좀 섭섭하지만, 그러나
만족을 합니다.

조병화

(2002. 11. 16)

차 례

하늘에도 사다리가 11
내가 얻은 것은 15
무식처럼 암흑한 것은 없다 19
詩의 죽음 23
詩의 목숨 25
그 길은 27
크로커스 29
한 인간의 생애 31
나의 "있음" 33
사 랑 37
水仙花 — 나르시스 39
보 석 41
길 가다가 43
여인들의 가슴엔 45
詩人은, ... 47
새장의 새 49
頭 像 — 白文基 씨 작품 51
면벽 10년 53
왜, 그럴까 55
꽃나무 57
창밖엔 61
이 비밀 65
봄 69

꿈	71
오 늘	73
목련화	77
나 비	79
종달새	81
사람의 무게	83
혜화동 로터리엔	85
詩人의 부활	87
업고를 살며	89
野生花	93
이별은	95
별	97
庭園에서	99
내 고향 유월은	101
늙는다는 것은	103
詩人들의 작업은	105
碑 石	107
스승의 날	109
자작나무 피부에	113
나그네	117
꾀꼬리	119
천 렵	121
現狀報告	123

넘을 수 없는 세월

하늘에도 사다리가

하늘에도 반드시 사다리가 있어

하늘에도 사람의 눈으론 보이지 않는
긴 사다리가 내려져 있어

그러기에 이 세상에서 착한 일 많이 한 사람에겐
그 사다리가 잘 보여서 하늘로 가지
평생을 하늘님의 말 잘 들은 사람에겐
그 사다리가 잘 보여서 하늘을 오를 수 있지
일생을 부지런히 하늘님의 심부름 잘한 사람에겐
그 사다리가 잘 보여서 하늘로 올라가지

창창한 깊은 하늘을 깊이 들여다보다가
무심코 이런 생각,
하늘에도 틀림없이 사람의 눈으론 볼 수 없는
긴 사다리가 있지
그러기에 착한 일 많이 하고
하늘님 심부름 잘한 사람은

죽어서 천당에 간다고 하지 않았던가

옛날, 그 옛날에도
지금도.

(2002. 2. 8)

내가 얻은 것은

내가 얻은 것은 눈물이다,
하겠나이다

내가 긴 인생 여정에서 찾아 얻은 것은
"나였다" 하겠나이다, 하겠지만
그것은 "눈물이다" 하겠나이다

잡는다, 먹는다, 하는 일이나
잡힌다, 먹힌다, 하는 일이나
산다, 죽는다, 하는 일이나, 하는 일이
갖는다, 갖지 못한다, 하는 일이나
행복하다, 불행하다, 하는 일이나
슬프다, 즐겁다, 기쁘다, 하는 일이나, 하는 일이
인생이다, 하겠나이다 하지만
그것은 눈물이다, 하겠나이다

보는 것이 눈물이요
듣는 것이 눈물이요

느끼는 것이 눈물이요
생각하는 것이 눈물이요,
만나는 것, 헤어지는 것, 모두 눈물이다 하겠나이다

아, 부처님은 자비라고 하셨던가
나는 눈물이다, 하겠나이다.

(2002. 3. 8)

무식처럼 암흑한 것은 없다

나는 어려서부터 유달리 밤이 무서웠어라
캄캄한 보이지 않는 밤엔
도깨비니, 귀신이니, 죽은 사람들의 혼백이니
하는 보이지 않는 것들이 출몰하여
사람들을 홀린다는 말을 많이 들었기 때문에
밤이 되면 뒷간에도 가질 못했어라

허나 지금 팔십이 넘은 나이에
문명이 발달한 밝은 천지에
도깨비고, 귀신이고, 죽은 인간의 혼백들이
어디에 숨어 있겠는가
하지만 아직도 내가 무서워하는 것은
사람의 밤이어라

셰익스피어는 "무식처럼 암흑한 것은 없다"라고 했던가
그 암흑한 밤 말이어라
실로 암흑한 사람의 밤처럼
지금 무서운 것은 없어라

아, 실로 무식처럼 어두운 것이
또 있으랴.

(2002. 3. 9)

詩의 죽음

지금 詩를 죽이고 있는 것은 무엇인가?
네, 그것은 바로 詩를 쓰는 詩人들이옵니다.

지금 詩人을 죽이고 있는 것은 무엇인가?
네, 그것은 바로 아는 체하는 詩人들이옵니다.

지금 詩를 살리고 있는 것은 무엇인가?
네, 그것은 바로 아는 체하는 詩 쓰는 詩人들이
무식하다고 알고 있는 그 대중들이 아니오리까.

(2002. 3. 9)

詩의 목숨

서울 인사동 거리에서 본 백자 항아리,
보는 순간 너무나 황홀해서
그 백자 항아리를 시로 쓰는 데 2년 걸렸다 한다
그러나 그 시는 단명했다

이것은 송욱 시인의 실화이다.

송욱(宋稶: 1925~1980, 소위 난해 시인의 한 사람)

그 길은

그 길은 더 짙은 안개이려니
그 길은 더 무인지경이려니
그 길은 더 혼자이려니
그 길은 더 끝이 없으려니
끝 있는 곳에 어머님이 계시려니

아, 이 믿음이 내 안내이려니.

(2002. 3. 11)

크로커스

자부가 구라파 여행에서 가져다 심은
모래알 같은 구근에서
매서운 겨울이 풀리자 이 땅에
먼 별의 눈동자처럼 망울망울
작은 꽃들을 노릇노릇 피우고 있다

아, 이 엄청난 신비
생명은 이러한 기쁜 해후인 것을
하늘의 詩인 것을

오, 뮤즈여, 詩人의 말이 부족하나이다.

(2002. 3. 12)

한 인간의 생애

할아버지가 살아온 것은 바람이었어
바람에 밀려가는 한 조각 구름이었어
조각 구름에 실려가는 한 알의 작은 물방울이었어
우주를 안고 흘러가는 작은 물방울이었어

너도 내 나이가 되면 알 거야
네가 살아온 너를

그것이 바람이었는지
비였는지.

(2002. 3. 13)

나의 "있음"

나는 나를 찾아서
너무나 먼 곳을 헛되게 헤매돌았지
바로 눈앞에 나를 두고

나는 나를 찾아서
너무나 먼 길을 헛되게 헤매돌았어
바로 눈앞에 피고 지는 꽃이
바로 나인 것을 모르고

실로 나는 나를 찾아서
너무나 먼 길, 먼 곳을 헛되게 헤매돌았어라
바로 눈앞에 야들야들 작게 피고 지는 꽃이
바로 나의 "있음"인지도 모르고

나에게 배당된 세월 다 끝나는 지금
나를 찾아서
먼 곳, 먼 길, 먼 세월 덧없이 헤매돈 것이
바로 "헤매인 그것"이

다름 아닌 바로 나의 그 "있음"이었어

아, 그걸 지금 알았어.

(2002. 3. 15)

사 랑

사랑은 언제나 좀 서운함이어라
내가 찾을 때 네가 없고
네가 찾을 때 내가 없음이여

후회는 모든 것이 지나간 뒤에
일어나는 바람이려니
그리움은 더욱더 사라진 뒤에
오는 빈 세월이려니

사랑은 좀더 서운함이려니
그리움은 아프게 더 더 긴 세월이려니

아, 인생이 이러함이려니
사람이 사랑하는 것은 더 더 이러함이려니

오, 사랑아.

(2002. 3 15)

水仙花
— 나르시스

희랍 산골길에서 만난 소녀
나를 이방인의 눈으로 보던 소녀
나귀를 타고 달랑달랑
먼 산길을 넘어가던 소녀
왜, 그 소녀가 연상되어 올까

해가 뉘엿뉘엿 기우는 산길
멀리 가는 소녀
어느 곳으로 가고 있는 것인가
햇살이 차다

아, 노스탤지어란 이러한 것일까
내 길 또한 멀다.

(2002. 3. 16)

보 석

나는 지금 네게 줄 아무런 보석이 없습니다
휘황찬란한 그 보석은

네 사랑으로 나를 태워서 얻는
순결한 내 영혼의 순금밖엔 없나이다.

(2002. 3. 18)

길 가다가

길 가다가 낯선 사람 만나면
반가우면서 긴장되는 것은 인정이려니
이름 나누고, 손 나누고, 체온 나누면
다정스러이 전달되는 새로운 그리움
이것이 길 가는 사람들의 사랑이려니

오늘 여기 새로이 만나는 사람
또한 그러하려니와
가는 곳 같고, 가는 뜻 같고, 사랑 또한 같고
그리움 또한 같으려니
이 동행 끝이 없으리

오, 축복이여 이곳에 가득하여라
이 기쁨 변함없어라.

(2002. 3. 23, 박성현 결혼식에서)

여인들의 가슴엔

여인들의 가슴엔
슬픈 보따리가 하나 더 걸려 있나 보다
시를 풀어 놓아도 슬픔
노래를 풀어 놓아도 슬픔
사연을 풀어 놓아도 슬픔
숨쉬는 것이 모다 슬픔이어라

사랑이 있어도 슬픔
사랑하는 사람이 곁에 있어도 슬픔
풀리지 않는 이 슬픈 보따리
아, 이 보따리는 누가 풀 수 있으리

슬픔은 인생인 것을

神이여, 그렇지 않습니까
당신이 주신.

詩人은,

시인은 우주 만물의 벗이려니
그 친구이려니
그 중매자이려니
영감이 그 서로의 말이어라

영감으로 서로 말하고
영감으로 서로 느끼고
영감으로 서로 깊이 통하는
우주 만물의 세계
별이고, 곤충이고, 꽃이고, 나무이고, ……,

오 뮤즈여
나의 영감은 겨우 사람의 세계에 머물고 있나이다
그 喜, 怒, 哀, 樂
그 生, 老, 病, 死.

새장의 새

새장의 새가 봄이 풀리면서
잠시도 가만히 있질 않는다

빛으로 빛으로 빛이 쏘이는 곳으로
기웃기웃 머리를 기웃거리며
짹짹짹 야단법석을 친다

봄이 온 거야
날이 풀린 거야
하늘이 열린 거야
나오라 나오라 봄이 꼬리를 치는 거야
어서 나오라고 어서 오라고 서두는 거야
아, 어찌하랴 갇힌 날개

오, 부처님 계시나이까
거기 계시나이까.

(2002. 3. 30)

頭 像
― 白文基 씨 작품

청동으로 구워 버려진 두상을 보고 있노라니
80여 년 세월이 이곳에 굳어 있음에
표정이 있는 것인지
표정이 없는 것인지
생각이 있는 것인지
생각이 없는 것인지

자못 심각하여라
텅 비어 있어라

그 많던 방황, 고뇌, 번뇌들이
쑥 빠져나간 허상
그곳에 내가 있음이어라,

하고
두상은 묵묵 말이 없어라.

(2002. 3. 24)

면벽 10년

면벽참선하신 달마 스님은
한 10년 면벽하시면서 무엇을 깨달으셨을까
그것이 무엇이었을까
또 그것은 무엇 무엇이었을까

일체 무상
일체 시공
일체 허상

그것을 깨달으셨을까
그것을 깨달으시기가 그렇게도 어려웠었을까

일체는 눈물인 것을!

허허 세월 80여 년,
내 속세의 깨달음이어라.

(2002. 3. 26)

왜, 그럴까

즐비한 아파트촌
한 고층 빌딩 골방에서
곰곰이 깊이 생각에 빠진 한 청년,
    아무리 생각해도 잘못 태어났어
    돌아가야겠어

왜, 그럴까

산골에서 태어나
산골에서 살며 춘하추동 변함없이
흙일, 들일, 산일, 하면서 살아가는 한 청년,
    아무리 일을 해도 나를 모르겠어
    이게 나지

왜, 그럴까

왜 그럴까 왜 그럴까 생각하는 동안
세월은 가고 세월은 오고 왜는 끝난다.

                      (2002. 3. 27)

꽃나무

꽃나무를 심은 그 사람은
내를 떠난 지 벌써 4년
꽃은 해마다 더욱 화창하게
내 가슴에 피어서 아파라

내가 더 좋은 시인이라면
더 좋은 표현이 있으오련만
꽃이 더 화창해서 내 가슴 더 아프다는 말이 고작
무능하려니

시인하고 만난 것이
살아서도 좀 서운함이요
죽어서는 좀더 서운함이 아니랴,

아, 서운함
여보, 정말 미안하오
미안했구려…

가슴 아프게.

(2002. 3. 27)

창밖엔

"창밖엔 새파란 목초가 무성한데
너는 왜 어둠컴컴한 방구석에서
시든 목초만 씹고 있느냐"(메피스토펠레스)

일생을 나를 따라다니던
옛 강의실에서의 이 말
왜 그랬을까

하늘이 열리고
화창한 봄날이 와도
풀리지 않는 이 물음
그것은 무엇일까

내가 나도 모르는 이 물음
어제도 이 물음
오늘도 이 물음
나이 팔십이 넘어도 이 물음

오늘도 이 어두운 방구석에서
"새파란 목초"는 나도 모르게
시들어 가누나

오, 불가사의한 운명이여.

(2002. 3. 28)

이 비밀

晳아, 할아버지는
일제시대에 태어나, 일제시대에 공부를 해서
우리나라의 말에 아주 서툴단다
글 한 줄 쓸려도 정확하게 표현하기 위해선
늘 "국어대사전"(이희승)을 열고 한단다
꼭 유학생처럼

공중에 떠 있는 거야
내 나라 사람이면서 내 나라 사람이 아니고
유학생처럼 떠 있는 거야

晳아, 너는 완전한 우리나라 주인이야
하늘이 네 것이고,
땅이 네 것이고,
사람이 네 것이고,
역사와 자연이 완전히 네 것이야
네 것으로 살아야 해
부끄럽지 않는 주인으로 살아야 해

거센 파도가 밀려 들어와도
억센 외풍이 불어 들어와도
할아버지처럼
내 나라 살아도 유학생으로 살아선 안 돼
다시는

이 비밀 알지.

(2002. 3. 29)

봄

삐직구 삐삐, 삐직구 삐삐,
삐삐삐, 삐삐삐
짹짹짹
산기슭에, 들에, 새소리 바람소리

나 여기 있소, 나 왔소
짝 묻는 소리, 봄 풀리는 소리

아, 봄 터지는 소리
하늘 열리는 소리
내 가슴 비어 가는 소리

삐직구, 삐직구, 삐직구
삐삐 짹, 삐삐 짹
삐삐 삐삐

산수유는 피어나고.

(2002. 3. 30)

꿈

꿈은 자기가 원하는 그 자리이려니
꿈은 자기가 이르고 싶은 그 자리이려니
꿈은 자기가 소망하는 그 자리이려니

그것은 자기가 가는 길이려니
그것은 자기가 자기를 이끌어 가는 길이려니
그것은 자기가 자기답게 사는 길이려니

아, 꿈은 자기가 자기를 찾는 길이려니
그것은 자기가 자기를 얻고자 하는 길이려니
그것은 자기가 자기와 만나고자 하는 길이려니

오, 꿈은 자기가 원하는 자기이려니.

(2002. 4. 3)

오 늘

오늘은 그 사람이 쓰다 다 못 쓰고 버린
그 내일이 아니랴
또한 오늘은 내가 다 쓰지 못하고 버릴
그 오늘이 아니랴

세월은 이렇게 가며
사람은 변하며 가고 오지 못하는 것

이것을 변화라 하려나
무정이라 하려나
무상이라 하려나
영원하리라는 그 약속은 어디에 있으려나

그것을 배신이라 하려나
야속하다 하려나
서운하다 하려나
하는 수 없는 인간사라 하려나
운명이라 하려나

오, 운명이여
인생은 이러한 깊은 망각인 것을.

(2002. 4. 7)

목련화

철학개론이란 말라
면사포를 벗어 버린 목련화이란다

베아트리체보다 곱던 날의 乙男이는
흰 블라우스만 입으면 목련화이어라*

라던 乙男이는 캐나다로 이민해서
한 사십 년
구름 밖에서 가물거리고
나는 이곳에서 흰 머리 팔십을 넘나니

아, 세월아 뜬구름아
그곳이 멀어라

시는 예나 지금이나
그리움은 예나 지금이나.

*제1시집에서

(2002. 4. 9)

나 비

너는 무게가 없어라
우주 창조자가 보낸 하늘의 천사이어라
이곳저곳 떠다니며
하늘의 수태복음을 전달하는 무게 없는 하늘의 천사이어라.

(2002. 4. 10)

종달새

종달새는 구름이 집이런가
온종일 구름에 떠서
봄 하늘을 말짱히 닦아내누나

보이지 않게
이곳에서 저곳에서.

(2002. 4. 10)

사람의 무게

사람의 무게는
스스로 스스로를 닦아 온 그 세월
그 세월의 빛의 무게이려니
스스로 스스로를 닦아 온 그 세월, 그 삶의
그 총량의 빛의 무게이려니

아, 그것은 무게가 없는 무게이려니
무게가 아닌 무게이려니.

(2002. 4. 14)

혜화동 로터리엔

혜화동 로터리엔
묵은 플라타너스 나무 아래서
온종일 매일 노점을 열고 있는 할아버지
"오늘 얼마 팔았었습니까" 하면
"겨우 몇푼어치" 하곤 웃는다
"저도 몇푼어치만 주세요" 하고
돈을 드리면
"밤 한알 더 넣었소" 하곤 웃는다

유모차를 밀고 지나가는 새엄마
빵을 먹으며 지나가는 여학생
커피를 빨며 지나가는 남학생
…

날로 해는 길어간다.

詩人의 부활

月光水邊 공원이라 하던가
이곳에 詩人은
큰 돌의 시비로 부활하신다

살아서 곱게 남에게 해되는 일 하나 없이
구십 평생을 그렇게 평온하시더니

돌아가서는 더욱 곱게 말씀없이
그렇게 혼자 부활하시어 평온하시다

아, 이렇게도 평온할 수 있으랴
오늘은 천하
산천초목마저 평온한 사월이어라.

(2002. 4. 20)

업고를 살며

텔레비전 화면을 보다 문득 생각나는 생각
세상이 人生苦海라 하지만
어떻게 저렇게도 고생스러운 인생이 있을까,

하기는 역경에 빠져 있는 사람이 한둘인가
외로운 노인, 고아가 한둘인가
슬픈 사정에 놓여 있는 사람이 한둘인가
하면서도 보기에 민망스러운
고통에 시달리고 있는 사람들

어찌 내가 이 자리에서
외롭다, 슬프다, 괴롭다, 할 것인가

대자대비하신 석가모니 여래님
눈을 감고 계시옵니까
귀를 닫고 계시옵니까
온몸을 가리고 계시옵니까

중생으로서 어찌할 수 없는
아 업고의 세계

아, 탈출하는 방법을 아르켜 주십시오
탈출하는 그 순서를 아르켜 주십시오
탈출하는 그 출구를 아르켜 주십시오.

나무 관세음보살
나무 관세음보살.

野生花

네가 작게 잡풀에 가려져 있다 해서
신이 어찌 너의 이름을 잊으시겠는가
다 제자리 자리에서 잘 피어 있는 것을

모두 제자리 자리에서
신께서 나누어 주신 목숨 잘 키우고 있는 것을
신의 보살핌은 한낱 같으신 것을
신의 사랑은 한낱 평등하신 것을

네가 큰 잡풀에 가려져 작게 있다고 해서
어찌
어진 신께서 너의 이름을 잊으시겠는가

사람도.

(2002. 4. 30)

이별은

화병에 꽂을 꽂도 때가 되어 시들으니
아니 버릴 수가 없어 버리게 되니
가슴 한구석에서 저절로 나오는 말이
고마웠어라, 이것 또한 이별이로구나

이별은 이렇게 애련한 것을
이별은 이렇게 가슴 아픈 것을
아, 이별은 이렇게 처절한 것을

만남이 또한 이별이로구나

아무리 잡초와 같은 만남도.

(2002. 4. 30)

별

너무도 멀다.

(2002. 5. 1)

庭園에서

모두들 잘 자란다
쑥쑥 잘도 솟아오른다
큰 나무도 작은 나무도
큰 풀도 작은 풀도
큰 꽃도 작은 꽃도
제자리 한자리 정한 자리에서
쑥쑥 잘도 솟아오른다

천근만근의 자리이려니
천년만년의 한자리이려니
하늘 아래 한자리에서 쑥쑥 잘도 솟아오른다

제각기 살려고
아, 살아남으려고.

(2002. 5. 4)

내 고향 유월은

내 고향 유월은
장미의 계절

타는 태양 아래
작열한 장미 송이송이

아, 저 사랑, 다 어찌하리

장미엔 가시가 있나니
우리들의 사랑도 그러하려니

아, 내 고향 유월은 장미의 계절이나니
내 고향 유월은 사랑의 계절이나니

사랑은 아픔이려니
황홀한 아픔이려니.

(2002. 5. 4)

늙는다는 것은

늙는다는 것은 버리며 사는 것이려니
늙는다는 것은 나누며 사는 것이려니
늙는다는 것은 물러나며 사는 것이려니
늙는다는 것은 물려주며 사는 것이려니

아, 늙는다는 것은 포기하며 사는 것이려니
초월하며 사는 것이려니
비어주며 사는 것이려니

매일이 그러하길
매일매일이 그러하길
남은 날 남은 날까지 그러하길
생각하며 다짐하며 사는 요즘

아, 늙는다는 것은
혼자 남아가길 사는 것이려니.

(2002. 5. 8, 어버이날)

詩人들의 작업은

어디서 누구인가가 읽어주겠지, 하는 생각에
정성껏 쓰는 이 사연
언젠가는 누구인가의 손에 들어가겠지, 하는 생각에
정확하게 쓰는 이 사연

날마다 날마다 이 혼자의 작업
언젠가는 어디서 누구인가의 눈에 띄겠지, 하는 생각에.

碑 石

비석이 쭈르르 비를 맞고 있다
純粹 孤獨, 純粹 虛無.

(2002. 5. 13)

스승의 날

카드가 꽂힌 장미 한 다발 배달되면서
"선생님, 저 이곳 L. A.에 있어요
저도 어느새 70을 바라보고 있습니다
장미 보내 드립니다. 오래 사시길"

순간, 누구더라
꽂힌 카드를 다시 읽고 다시 읽고 하는 이름
스승의 날 아침
옛날이 가물거리면서

혹시나 내게 야단이나 맞은 학생은 아닌가
하는 생각 곰곰이 나면서
따뜻이 떠오르는 옛날

아, 나도 스승이었던가
무엇을 가르쳤지, 하는 생각
꽃은 황홀하면서 아물거리는 이름
묵묵히

아득하여라.

(2002. 5. 15)

자작나무 피부에

"자작나무 피부에 당신을 새기며
당신을 잊기로 했습니다"

이렇게 애절히 이별을 고하던
내 친구 헤르만 실밤은 지금 어디에 있고
당신이라는 그 여인은 지금 어디에 있을까

그리고 피부에 상처를 입은 그 자작나무는
그 山莊에 지금도 그 자리 그곳에 그대로 있을는지

한번 헤어지면 세상은 이렇게 캄캄한 것을
사랑은 한때 불이었고,
이별은 한때 긴 아픔인 것을

"자작나무 피부에 당신을 새기며
당신을 잊기로 했습니다."

＊ 헤르만 실밤: Herman Shilbam

일본 동경, 상지대학 독일 휴학생

아버지는 독일인, 어머니는 일본인.

(2002. 5. 20)

나그네

길을 가는 사람을 나그네라고 하던가
나그네에겐 굳은 인내심이 있어야 하려니
끝끝내 굳은 인내심이 있어야 하려니
길을 다할 땐 더욱 인내심이 있어야 하려니

길을 가지 않고서야 어찌 그것을 알리

아, 인생 또한 먼 나그넷길인 것을.

(2002. 5. 25)

꾀꼬리

꾀꼬리는 새 중의 새,
하늘의 천사라고 하던가
이 나무 저 나무 잎새를 숨어 날으며
번쩍번쩍
하늘을 맑게 물질을 한다

오월은 이렇게 유월로 이어지면서
찔레꽃 향기
벌들 날개치며 잉잉
여름은 소리없이 익어간다

아, 꾀꼬리는 마왕의 밀사라고 하던가
이 산 저 산 너울너울 숨어서
라라 라라리오, 라라 라하리오.

(2002. 6. 2)

천 렵

옛날엔 천렵이 좋았지
그물치며 욱, 욱, 고기 모는
작대기 치는 소리
맑은 물이 철썩철썩
튀어오르는 물방울이 좋았지

피라미, 불거지, 미꾸리, 붕어, 모래무지 …,
그물에 걸려
팔팔 뛰는 것이 좋았지

아, 내 고향 8월은 이렇게
농한기를 보내면서 그물치는
천렵놀이가 좋았지

지금도 이 생각
여름이면 선하게 떠오르는
내 고향 8월 풍경
천렵이 좋았지.

(2002. 8월)

現狀報告

콘크리트 같은 寂寞 속을
孤獨이 戰慄처럼 지나갑니다
無聊한 時間이 무섭게 흘러갑니다
시간의 물때 속에서
속수무책, 온몸이 무너져내리고 있습니다

아, 이 恐怖
콘크리트 같은 寂寞 속을
고독이 전율처럼 머물고 있습니다.

(2002. 7. 14)

1959. 3 : 《현대시 작법》(C. Day-Lewis : The Poetic Image) 번역 출간(3.31, 정음사)
　　　 4 : 慶熙大學校 문리과대학 조교수로 전직.
　　　 7 : 국제 P.E.N. Frankfurt 대회에 참석.
　　　10 : The World's Love Poety(Bantam Books N.Y.)에 작품 수록.
　　　11 : 제8시집 《기다리며 사는 사람들》(유럽, 아시아 기행시화집) 출간(11.30, 성문각)
1960. 1 : 제7회 아세아자유문학상 수상(1.19, 수상 작품 《밤의 이야기》 외 5편)
　　　 4 : 경희대학교 출판국 창설. 초대 국장(4.1-1974.2.28)
1961. 5 : 전기 《101인의 시인》 출간(5.5, 정음사)
　　　10 : 제9시집 《밤의 이야기》 출간(10.30, 정음사)
　　　　　 延世大學校에 출강.
1962. 6 : 모 진종 여사 별세(6.3)
　　　11 : 제10시집 《낮은 목소리로》 출간(11.10, 중앙문화사)
1963. 4 : 모친의 묘소 옆에 묘막 片雲齋 기공(4.6, 한식일)
　　　 6 : 제11시집 《共存의 理由》 출간(6.30, 선명문화사)
　　　 7 : 경희대학교 문리과 대학 부교수(7.1)
　　　10 : 제12시집 《쓸개포도의 悲歌》 출간(10.25, 동아출판사)
　　　　　 서울특별시 문화위원.
1964. 10 : 제13시집 《時間의 宿所를 더듬어서》 출간(10.31, 양지사)
1965. 11 : 제14시집 《來日 어느 자리에서》 출간(11.15, 춘조사)
1966. 6 : 국제 P.E.N. New-York 대회에 참석.
　　　12 : 제15시집 《가을은 남은 거에》(미국 기행 시화집) 출간(12.10, 성문각)
1967. 5 : 경희대학교 문리과대학 교수.
　　　　　 이화여자대학교 대학원 출강.

　　　　　11 : 시론집 《슬픔과 기쁨이 있는 곳》 출간(11.15, 중앙출판공사)

1968. 4 : 제16시집 《假宿의 램프》 출간(4.30, 민중서관)

　　　　　11 : 선시집 《고독한 하이웨이》 출간(11.20, 성문각)

1969. 9 : 국제 P.E.N. France Menton 대회에 참석.

　　　　　12 : 경희대학교 문화상 수상(12.4)

　　　　　제17시집 《내 고향 먼 곳에》(세계 일주 기행 시화집) 출간 (12.15, 중앙출판공사)

1970. 7 : 국제 P.E.N. 서울 대회 재정 위원장 피선.

1971. 2 : 제18시집 《烏山 인터체인지》 출간(2.20, 문원사)

　　　　　7 : 중화민국 新詩學會, 中華民國筆會(P.E.N), 중화민국 문예협회, 중화민국 수채화회 공동 초청으로 중화민국 예방. 중화민국 신시학회로부터 杜甫像牌를 받음.

　　　　　11 : 제19시집 《별의 市場》(대만·동남아 기행 시화집) 출간 (11.10, 동화출판공사)

1972. 2 : 《現代詩のアンソロジ-上·下》(일본, 北川冬彦편, 세계시인 시집 상권)에 작품 수록.

1972. 3 : 경희대학교 문리과 대학장 취임(3.1-1978.2.28).

　　　　　8 : 재일 경성사범학교 동창회의 초대로 아다미온천(熱海) 회의에 참석.

　　　　　10 : 제20시집 《먼지와 바람 사이》 출간(10.20, 동화출판공사)

1973. 1 : 한국문인협회 부이사장 피선.

　　　　　9 : 영역 시집 《Fourteen Poems》, Kevin O'Rourke, Norman Thorpe 역) 출간(경희대학교)

　　　　　9 : 제1회 유화 개인전(9.22~29, 신문회관)

　　　　　11 : 제2차 세계시인대회에 참석(11.11~17, 대북)

　　　　　12 : 제21시집 《어머니》 출간(12.25, 중앙출판공사)

1974. 4 : 한국시인협회상 수상(시집 《어머니》).

8 : 在 Guam 金永喆 초대로 Hawaii, Guam 스케치 여행(7.28
　　　~8.16)
　　11 : 영역 시집 《Where Clouds Pass by》, Kevin O'Rourke 역
　　　출간(11.15, 중앙출판공사)
　　11 : 유화집 《길 Road》 출간(11.15, 동화출판공사)
　　12 : 중화민국 中國文化大學 中華學術院에서 명예 철학박사
　　　학위를 받음(12.28, 제107호)
1975. 4 : 제2회 유화 개인전(4.10~15, 미도파화랑 초대)
　　 6 : 선시집 《나는 내 어둠을》 출간(6.15, 민음사)
　　 6 : 제1회 아시아시인대회에 한국 대표 단장으로 참석(6.21~
　　　25, Madras)
　　 7 : 제22시집 《남남》 출간(7.20, 일지사)
1976. 2 : 韓逸開發 초대(Guam 주재 金恒經 이사)로 Guam 등 태평
　　　양 스케치 여행(2.25~3.2)
　　 3 : 선시집 《조병화 시선》 출간(3.30, 정음문고)
　　 4 : 정부 시책 평가 교수 취임(4.1-1980.9)
　　 4 : 한국시인협회상 수상 기념으로 어머님 묘소에 묘비 세움
　　　(4.6, 한식일)
　　 5 : 선시집 《때로 때때로》 출간(5.5, 삼중당문고)
　　 6 : 제3회 유화 개인전(6.8~13, 신세계미술관 초대)
　　 6 : 영역 시집 《Twenty Poems》(Kevin O'Rourke 역) 출간(6.10
　　　경희대학교)
　　 6 : 제3차 세계시인대회에 한국 대표 단장으로 참석(6.23~
　　　26 Baltimore, U.S.A.),
　　　제4차 세계시인대회 대회장으로 피선.
　　 8 : 재일 한국인 교육자 연수회에 강사로 초대되어 참석(山梨
　　　縣 石和 온천 후지호텔)
　　10 : 일본어 시집 《寂寥の炎》 출간(10.20, 경희대학교)

       10 : 제23시집 《창안에 창밖에》(시화집) 출간(10.30, 열화당)
       12 : 국민훈장 동백장 받음(12.4)
1977. 2 : 제4차 세계시인대회 준비차 중화민국 방문(2.5~10)
        6 : 제4회 유화 개인전(6.9~17 선화랑 초대)
        6 : 독일어역 시집 《Ein Leben》(Hans-Jürgen Zaborowski역) 출간(7.1, 경희대학교)
        9 : 수필집 《詩人의 備忘錄》 출간(9.25, 문학예술사)
       10 : 시론집 《시인의 편지》 출간(10.10, 청조사)
       12 : 영역 시집 《Whispers at Night》(Kevin O'Rourke역) 출간(12.8, 경희대학교)
       12 : 국제 P.E.N. Sydney대회에 참석(12.10~17)
1978. 6 : 수필집 《낮달》 출간(6.10, 태창문화사)
        6 : 제24시집 《딸의 파이프》 출간(6.15, 일지사)
1979. 1 : 제4차 세계시인대회 준비차 일본, 미국 순방(1.25~2.13)
        2 : 영역 시집 《Trumpet Shell》(Kevin O'Rourke역) 출간(2.1, 경희대학교)
        2 : 제1회 시화전(2.15~22 예화랑 초대)
        4 : 한국시인협회 심의위원장 피선.
        4 : 불역 시집 《En un Lien Secret》(Reger Leverrier역) 출간(4.20, 정음사)
        7 : 제4차 세계시인대회를 집행(대회장, 7.2~8, 롯데 호텔)
        9 : 제2회 시화전(9.22~27, 광주 空間 화랑, 동광주청년회의소 배경애 님 초대)
       10 : 경희대학교 교육대학원장 취임(10.19-1980.5.30)
       12 : 제4차 세계시인대회 사무국 위로 여행(12.17~27, 대만, 일본, 중화민국 태평양기금 회장 초대로 金耀燮, 金惠淑, 成春福과 함께)
1980. 9 : 자선 시집 《만나는 거와 떠나는 거와》 출간(9.30, 정음사).

11 : 제5회 유화 개인전(11.17~24, New York Hankook Art Gallery 초대)

11 : 일본 국제시인회의에 한국 대표 단장으로 참석(11.24~28, Tokyo)

12 : 수필집 《안개에 뿌리내리는 나무》 출간(12.25, 예성사)

1981. 3 : 인하대학교 문과대 학장 취임(3.1)

1981. 5 : 회갑 기념집 《편운 조병화 시인》 출간(5.25, 편집 成春福, 정음사)

7 : 제5차 세계시인대회에 한국 대표 단장으로 참석(7.6~10, San Francisco. U.S.A.) 이 대회에서 세계시인대회 桂冠詩人으로 추대됨.

7 : 일본 홋카이도北海道 현대시인회에 초대 강연(7.24, 核の 會 회장 河邨文一郎)

8 : 대한민국 예술원정회원에 피선(8.12, 대통령)

9 : 제25시집 《안개로 가는 길》 출간(9.15, 일지사)

9 : 서울시 문화상 수상

1982. 3 : 인하대학교 부총장 취임(3.1)

3 : 중앙대학교 대학원에서 명예 문학박사 학위 받음(3.17, 명박 No. 145호)

7 : 제6차 세계시인대회에 국제 위원으로 참석(7.2~15, Madrid, Spain)

9 : 유화집 《안개 The Fog》 출간(9.25, 영역 Kevin O'Rourke, 보진재)

9 : 한국시인협회 회장에 피선(1982-1984).

9 : 서울특별시 문화예술 자문위원화 위원장 취임.

9 : 세계시인회의 한국 위원회 결성, 위원장 피선.

1983. 4 : 수필집 《흙바람 속에 피는 꽃들》 출간(4.4, 문음사)

6 : 선시집 《벼랑의 램프》 출간(6.7, 고려원)

            10 : 제26시집 《머나먼 약속》 출간 (10.4, 현대문학사)
    1984. 2 : 불란서문화원 초대 시화전(2.15~17, 불 화가 Reva Remy와)
            3 : 인하대학교 대학원 원장 취임(3.1)
            7 : 세계 여행 소묘집 《그때 그곳 Times & Places》 출간(7.5, 영역 김유항, 보진재)
            10 : 제7차 세계시인대회에 국제 위원으로 참석(10.14~20, Marrakech. Morocco)
            10 : 《New Europe》지(No.45)에 시와 그림이 특집으로 수록됨 (Luxembourg)
            11 : 연화랑 유화 초대전(11.1~10)
    1985. 1 : 선시집 《바람의 둥지》 출간(1.15, 오상사)
            3 : 수필집 《저 바람 속에 저 구름 속에》 출간(3.10, 문학세계사)
            4 : 시론집 《순간처럼 영원처럼》 출간(4.20, 고려원)
            6 : 제27시집 《나귀의 눈물》 출간(6.5, 정음사)
            6 : 제28시집 《어두운 밤에도 별은 떠서》(서사시) 출간(6.5, 혜진서관)
            9 : 대한민국 예술원상을 받음(9.17, 작품상)
            9 : 제8차 세계시인대회에 국제 위원으로 참석(9.28~10.4 Corfu. Greece)
            9 : 시집 《THALATTA》에 작품 수록됨(Euroeditor, Luxembourg)
            11 : 조병화 전집 제1권 《바다를 잃은 소라》(제1, 2, 3, 4, 5시집 수록) 출간(11.15, 학원사)
            11 : 선시집 《빈 의자로 오시지요》 출간(11.15, 열음사)
            12 : 제29시집 《해가 뜨고 해가 지고》 출간(12.1, 오상사)
            12 : 영역 시집 《Selected Poems》 출간(12.1, Kevin O'Rourke 역, 오상사)
            12 : 조병화 전집 제2권 《빛을 그리는 어둠》(제6, 7, 8, 9 시집

　　　　　수록) 출간 (12.25, 학원사)
　　　　12 : 조병화 전집 제3권 《사랑, 그 영원한 고독》(제10, 11, 12시
　　　　　　집 수록) 출간(12.25, 학원사)
1986. 2 : 수필집 《마지막 그리움의 등불》 출간(2.24, 학원사)
　　　　 2 : 조병화 전집 제4권 《머나먼 길, 구름처럼》(제13, 14, 15시
　　　　　　집 수록) 출간(2.25, 학원사)
　　　　 3 : 수필집 《자유로운 삶을 위하여》 출간(3.5, 어문각)
　　　　 6 : 제9차 세계시인대회에 한국 대표 단장으로 참석(6.27~7.
　　　　　　3 Florence, Italy)
　　　　 8 : 인하대학교 대학원 원장으로 정년 퇴직(8.31)
　　　　　　국민훈장 모란장을 받음. 명예 교수.
　　　　 8 : 정년 퇴직 기념 논문집 《조병화의 문학 세계》 출간(8.20,
　　　　　　일지사)
　　　　 8 : 어록집 《언제나처럼 그 자리에》 출간(8.27, 웅성사)
　　　　 8 : 수필집 《왜 사는가》 출간(8.30, 자유문학사)
　　　　 8 : 廳蛙軒 상량식(9.9, 7.25 기공)
　　　　 9 : 선시집 《조병화 시집》 출간(9.10, 범우문고)
　　　　 9 : 조병화 전집 제5권 《머물지 않는 바람》(제16, 17, 18시집
　　　　　　수록) 출간(9.20, 학원사)
　　　　 9 : 장수술 입원(서부병원. 장폐쇄증. 9.13~28)
　　　　10 : 표화랑 초대 유화전(10.4~10)
　　　　11 : 선시집 《홀로 있는 곳에》 출간(11.10, 어문각)
　　　　11 : 선시집 《그리움이 지면 별이 뜨고》 출간(11.15, 예전사)
　　　　12 : 수필집 《고독과 사색의 창가에서》 출간(12.5, 자유문학사)
　　　　12 : 제9차 세계시인대회에 국제 위원으로 참석(12.28-1987.
　　　　　　1.2, Madras. India) 이 대회에서 Rabindranath Tagore 문학
　　　　　　紀念盃를 받음.
　　　　12 : 조병화 전집 제6권 《있는 거와 없는 거와》(제19, 20, 21,

22시집 수록) 출간(12.30, 학원사)
12 : 한국문인협회 부이사장에 피선.
12 : 정부 인권옹호 특별위원회 위원으로 피선(국무총리)
1987. 3 : 중앙대학교 객원 교수(3.1)
3 : 청와헌 준공, 입주(3.18)
5 : 수필집 《너와 나의 시간에》 출간(5.1, 동문선)
5 : 수필집 《어머님 방의 등불을 바라보며》 출간(5.10, 삼중당)
5 : 제50회 국제 P.E.N. 스위스 대회에 참석(5.11~15 Lugano) 구라파를 기차로 여행 (England, Scotland, Windmere, Gracemere, Dover, Netherland)
5 : 조병화 전집 제7권 《하늘에 떠 있는 고독》(제23, 24시집 수록) 출간 (5.30, 학원사)
6 : Poetry International Rotterdam, 87, Netherlands에 초청되어 자작시 발표, 대환영을 받음.
일간지 《Metropool》에 인터뷰 기사 나옴(1987.6.4)
6 : 장 재수술(6.30~7.10 서부병원)
6 : 불어 시집 《NUAGES》 출간(6월, Euroeditor, Luxembourg)
8 : 중앙대학교 재단 이사장 직무 대리에 피선(8.13-9.11)
8 : 일본 제2회 국제시인제에 한국 대표 단장으로 참석(8.19~23)
8 : 일어 시집 《言葉の遺跡》 출간(8월, 세계시인회의 한국위원회)
9 : 수필집 《내일로 가는 길에》 출간(9.30, 영언문화사)
11 : 수필집 《추억》 출간(11.15, 자유문학사)
12 : 칼라시화집 《길》 출간(12.15, 동문선)
12 : 일본 계간 시지 《花神》(3호)에 일어 역시 12편 수록 (12.10, 茨木のり子 역)
12 : 시집 《밤의 이야기》 개판 출간(12.15, 백상)

12 : 시집 《사랑이 가기 전에》 개판 출간(12.15, 열음사)
12 : 수필집 《홀로 지다 남은 들꽃처럼》 출간(12.20, 해문출판사)
12 : 제31시집 《길은 나를 부르며》 출간(12.20, 청하)

1988. 1 : 수필집 《사랑, 그 홀로》 출간(1.10, 백양출판사)
1 : 선시집 《구름으로 바람으로》 출간(1.25, 문학사상사)
2 : 조병화 전집 제8권 《내 마음 빈 자리》(제25, 26, 27시집 수록) 출간(2.10, 학원사)
2 : 선시집 《여숙의 바람소리》 출간(2.25, 혜원출판사)
5 : 정선 에세이 《마침내 사랑이 그러하듯이》 출간(5.17, 백상)
6 : 신작 수필집 《사랑은 아직도》 출간(6.10, 백양출판사)
6 : 이스라엘 독립 40주년 기념 텔아비브 국제시인제(6.7~13)에 초청되어 준비했으나 이스라엘 국내사정으로 중지. 그러나 여행단을 구성했기 때문에 여행을 감행(6.2~20 서울→카이로→알렉산드리아→이스라엘→이스탄불→아테네→코린토스→토쿄. 死海에서 목욕을 함)
6 : 네덜란드 암스테르담 Meulenhoff 출판사에서 출판한 《Spiegel International》 시집에 시 4편 (《나귀의 로스트파라다이스》, 《무더운 여름밤에》, 《어느 존재》, 《겉봉 뜯으면》)이 수록.
7 : 수필집 《새벽은 꿈을 안고》 출판(7.30, 신원문화사)
8 : 영어 시집 《NIGHT TALK》 출간(Kevin O'Rourke 역, Universal Publishing Co. UPA. 8.1)
8 : 영어 시집 《STRANGERS》 출간(번역 김동성. Universal Publishing Co. UPA. 8.20)
제52차 P.E.N. 서울 대회 주제 발표(8.28)
8 : 수필집 《꿈과 사랑, 그리고 내일》 출간(8.31, 현대문화센터)
9 : 88올림픽 개막 축하 칸타타 제작 상연(9.17, 예술의 전당,

작곡 박영근 교수, KBS심포니)
- 10 : 제32시집 《혼자 가는 길》 출간(10.5, 우일문화사)
- 10 : 조병화 전집 제9권 《영혼에 머무는 별》(제28, 29, 30시집 수록) 출간 (10.15, 학원사)
- 10 : 일본 홋카이도(北海道) 현대시인회 초청 세미나 참가(10.16~26)
- 11 : 제10차 세계시인대회 방콕대회에 국제위원으로 참석 및 중국 여행(11.12~12.1)
- 12 : 조병화 전집 제10권 《고독과 허무를 넘어서》(조병화 문학연구) 출간(12.30, 학원사)
- 12 : 올림픽 공원 기념 벽에 88 올림픽 축시 새김

1989. 1 : KBS 1TV 정월1일 《명사 영상 에세이》 (7:30-8:00 A.M.)
- 1 : 제28회 대의원 총회(참석 233명)에서 제18회 한국문인협회 이사장으로 무투표 당선(1.7) Seoul Press Center에서.
- 3 : MBC 《명작의 무대》 방영 (3.28 화) P.D. 이진섭
- 4 : 소련, 동구권 여행(4.22~5.12), 入院生活(동맥경화, 서부병원)(4.18~5.7)
- 6 : EUROEDITOR 《ESPACES》詩誌에 작품 수록.
- 7 : 選詩集 《사랑의 계절》 출간(7.15, 거암사)
- 8 : 수필집 《떠난 세월, 떠난 사람》 출간(7.15, 現代文學社)
- 9 : 詩畵展 L.A. 문화원(9.9~18)
- 11 : 제33시집 《지나가는 길에》 출간(11.10, 신원문화사)
- 11 : 수필집 《하늘 아래 그 빈 자리에》 출간(11.30, 성정출판사)

1990. 3 : 삼일문화상 수상(3.1)
- 5 : 古稀記念油畵展, 古稀宴, 片雲文學賞制定(5.2, 벽재淵畵廊)
- 5 : 제34시집 《후회 없는 고독》 출간(5.2, 미학사)
- 7 : 영어 시집 《The Fact That I am lonely》 출간(7.1, Kevin O'Rourke 역 우일문화사)

- 7 : Dublin, Ireland 여행(7.12~19)
- 7 : 詩集《어머니》改版增補(7.10, 미래문화사)
- 8 : 제1회 한국문인협회 해외 심포지움.제1회 해외문학상 시상 김용익(미국) (L.A.8.3~5, LasVegas→Grand Canyon→Yosemite→SanFrancisco→Hawaii→Seoul)
- 11 : 韓國現代詩選에 작품 수록(日本 花神社刊, 茨木のり子 譯 11.10)
- 12 : 詩畵, 油畵, 招待展(釜山 롯데한성화랑, 유춘기. 12.20~30)

1991. 3 : 제35시집《찾아가야 할 길》출간(3.15, 인문당)
- 3 : 자서전《나의 생애 나의 사상》출간(3.15, 둥지)
- 5 : 第1回 片雲文學賞 施賞(趙泰一, 金載弘(본상), 申昌浩(우수상), 5.2, 문예진흥원 강당)
- 7 : 제2회 한국문인협회 해외심포지움(7.23~8.7, 연길, 북경) 제2회 해외문학상 시상, 金哲시인(北京)
- 8 : 新作수필집《꿈은 너와 나에게》출간(8.5, 해냄출판사)
- 9 : 世界詩人大會功勞賞 수상(9.16, Istanbul대회)
- 11 : 삼풍백화점 삼풍갤러리 개관 초대전(11.1~10)
- 11 : 선시집《숨어서 우는 노래》출간(11.15, 미래사)

1992. 1 : 제36시집《낙타의 울음소리》출간(4.15, 동문선)
- 4 : 제37시집《타향에 핀 작은 들꽃》출간(4.15, 시와시학사)
- 5 : 第2回 片雲文學賞 施賞(허영자, 오세영(본상), 박덕규(우수상), 5.2, 문예진흥원 강당)
- 5 : 선시집《잠 잃은 밤의 편지》출간(5.26, 도서출판 세기)
- 5 : 시와 수필집《시의 오솔길을 가며》출간(5.30, 스포츠 서울)
- 6 : 손자 成桓, EXETER 졸업식 참가 후 New England 여행 R. Frost집 방문. (6.5~17)

10 : 위성 "우리별 1호"에 처음으로 시를 올림(10.3)
10 : 수필집《꿈이 있는 정거장》출간(10.20, 고려원)
11 : 제38시집《다는 갈 수 없는 세월》출간(11.10, 혜화당)
11 : 대한민국문학대상 수상(11.19, 문예진흥원 강당)

1993. 2 : 片雲會館 준공식(2.6, 경기도 안성군 양성면 난실리 322)
2 : 日本旅行(2.8~13, 四國地方)
2 : 油畵·詩畵, 招待展 (2.19~28, 新世界美術館)
2 : 詩畵集《그리움》출간(2.22, 동문선)
2 : 慶熙大學校에서 大學章 金章을 받음(2.23)
2 : 시선집《사랑의 露宿》출간(2.25, 동문선)
5 : 第3回 片雲文學賞 施賞(5.1, 金允植, 金鍾鐵(본상), 車漢洙 (우수상)문예진흥원강당)
5 : 詩選集《황홀한 모순》출간(5.8, 동서문학사)
5 : 문학공간사 주최 문학상 시상식에서 제1회 공로상 수상 (5.29)
5 : 詩 10편 作曲集《꿈》출간 (7.31, 박민종曲, 음악춘추사)
8 : 詩選集《길》개정판 출간 (8.30, 동문선)
9 : 제39시집《잠 잃은 밤에》출간 (9.5, 동문선)
9 : 스웨덴어 譯詩集《꿈 Drom》출간 (9.8, Sweden Stockholm)
10 : 자작시 낭송 레코드 취입(10.26, 예당음향)
11 : 애송시 낭송 레코드 취입(11.8, 예당음향)
11 : 日本歷史文學紀行 단장으로 日本旅行(11.9~14, 책의해 조직위원회 주최, Osaka→Nagoya→Tokyo→Nikko)
12 : 隨筆集《집을 떠난 사람이 길을 안다》출간(12.15, 은율)
12 : 대한민국 예술원 부회장에 피선됨

1994. 1 : 김대규 시인과의 서간집《시인의 편지》개정판 출간(1. 10, 文志社)
2 : 사진과 대표작을 묶은《나의 생애》출간(2.21, 영하)

2 : 제1회 순수문학상 수상(2.22, 프레지던트 호텔)
5 : 第4回 片雲文學賞 施賞(5.1, 문예진흥원 강당, 金光圭, 金大圭(본상), 許炯萬(우수상))
7 : 제40시집 《개구리의 명상》 출간(7.20, 동문선)
8 : 隨筆集 《버릴 거 버리고 왔습니다》 출간(8.10, 문단과 문학사)
8 : 제15회 세계시인대회 겸 이사회 참석, 감사패 받음(8.17~30, 타이베이)
9 : 조병화 대표시집, 문단활동반세기 40시집 기념 《사랑하면 할수록》 출간 (9.20, 김재홍 해설·편집, 시와시학사)
9 : '片雲 趙炳華 詩人의 밤' 개최 (9.27, 북촌 창우극장, 시와시학회 주최, 시와시학사·북촌창우극장 후원)
11 : L.A. Radio Korea 초청 문학강연 및 미국·브라질 문학기행(11.22~12.3)
12 : 詩全集 일부출간, 제1시집 《버리고 싶은 遺産》, 제2시집 《하루만의 慰安》, 제3시집 《패각의 침실》(12.6, 동문선)
12 : 제41시집 《내일로 가는 밤길에서》 출간(12.10, 문학수첩)
12 : 詩選集 《사랑은 숨어서 부르는 노래》 출간(12.15, 白文社)
12 : 광복50주년 기념 '95 서울국제음악제' 기념 칸타타 작시 (12.25, 서울국제음악제 사무국)
12 : 詩集 《밤의 이야기》 재출간(12.30, 白象社)

1995. 3 : 詩5편 作曲集 《안개》 출간(3.3, 박민종 作曲, 작은우리)
5 : 第5回 片雲文學賞 施賞(5.2, 문예진흥원 강당, 柳宗鎬, 朴利道(본상), 卜孝根(신인상))
6 : 시로 쓰는 자서진 《세월은 자란다》 출간(6.15, 문학수첩)
9 : 제27회 대한민국 문화예술상 심사위원장 (9.6)
9 : 광복 50주년 기념 '95 서울국제음악회' 기념 칸타타 공연(9.27, 작곡 이영자, 지휘 임원식, 예술의 전당)

10 : 제42시집《시간의 속도》출간(10.30, 융성사)

12 : 27대 대한민국예술원 회장 피선(12.19)

1996. 1 : 日本 九州 詩文學紀行(1.27~31, 시와시학사 주관)

2 : 隨筆集《떠난 세월 떠난 사람》증보판 출간(2.1, 융성사)

3 : 隨筆集《너를 살며 나를 살며》출간(3.28, 고려원)

4 : 譯詩集《雲の笛》출간(4.5, 姜晶中 譯 日本 東京 花神社)

4 : 제43시집《서로 따로 따로》출간(4.28, 예니출판사)

5 : 第6回 片雲文學賞 施賞(5.4, 문예진흥원 강당, 任軒永, 李嘉林(본상), 고영조(우수상))

7 : 제3회 서울 平和賞 심사원(7월~9월)

9 : 隨筆集《片雲齋에서의 편지》출간(나보다 더 외로운 사람에게, 9.16, 둥지)

10 : 大韓民國 金冠文化勳章 받음.(10.19, 국립극장 대강당)

1997. 5 : 제7회 片雲文學賞 施賞(5.2, 문예진흥원 강당, 馬鍾基, 洪起三(본상), 蔡鍾漢(신인상), 崔華國(특별상))

5 : 제44시집《아내의 방》출간(5.2, 동문선)

5 : 五一六民族賞 受賞(5.16,)

5 : 金三柱 교수와 프랑스 여행(5.23~27)

8 : 英譯詩集 Songs at Twilight 출간(8.10)

8 : 마케도니아 스트라그 詩祭 참가(8.20~9.3)

10 : 日本語譯詩畵集《旅,一近くて 遠い 異國の 友へ》출판(大阪 海風社 刊, 出版記念會 大阪都호텔, 10.16)

10 : 제46시집《황혼의 노래》출간(10.20, 마을)

11 : 제45시집《그리운 사람이 있다는 것은》출간(11.20, 동문선)

12 : 제99차 대한민국예술원 총회에서 예술원 회장 재선(12.16)

1998. 3 : 妻 死亡(3.13, 0시 50분), 장례식(3.15, 오전 11시)

    4 : 제47시집《먼 약속》출간(4.30, 마을)
    5 : 제8회 片雲文學賞施賞(5.2, 鄭孔采(本賞), 千昞泰(新人賞))
    5 : 墓碑 세움(5.3, 석가탄신일)
    5 : 阿彌陀佛像 奉納(5.7, 日本 木工藝家 重松三千男시게마쓰미 찌오 作)
    8 : 慶熙大學校 學園理事(8.28)
    9 : 泳하고의 父女美術展(9.9~21, 분당 삼성플라자갤러리)
   10 : 隨筆集《片雲齋에서의 편지》출간(외로우며 사랑하며, 10.1, 가야미디어)
   11 : 제48시집《기다림은 아련히》출간(11.30, 가야미디어)
1999. 1 : 신중설 씨가 시 '어머니 지금 당신을'을 시비로 세움(남양주시 오남면 팔현리, 1.15)
    1 : 수필집《내게 슬픔과 기쁨이 삶이듯이》출간(1.8, 미래사)
    3 : 제26시집《머나먼 약속》(1983) 속에 있는 시 '蘭'이 일본어 번역시집《雲の笛》(1996)에 수록된 것을 2000년도 일본검인정교과서《小學國語》6학년에 게재한다는 신문 보도(3.5)
    5 : 제9회 片雲文學賞施賞(5.2, 李祭夏(本賞), 崔東鎬(本賞, 卜孝根(新人賞))
    6 : 카나다 빅토리아대학에서 명예문학박사 학위 받음(6.3)
   11 : 시론집《고백》출간(《밤이 가면 아침이 온다》개정판, 11.15, 오상사)
   11 : 제49시집《따뜻한 슬픔》출간(11.20, 동문선)
2000. 3 : 제50시집《고요한 귀향》출간(3.10, 시와시학사)
    4 : 시집《고요한 귀향》출판 기념 겸 문단데뷔 50년 기념 '시의 밤' 행사(4.28, 예술의 전당 소극장에서, 시와시학사 주최)
    4 : 시집《고요한 귀향》출판 기념 겸 八旬 기념 고향잔치(4.

30, 난실리 편운회관에서)
　　5 : 제10회 片雲文學賞施賞(5.2, 李根培(本賞), 金相鉉(新人賞), 朴桂澤(新人賞))
　　5 : 日本 도야마 지방 여행(5.15~19)
　　7 : 제10회 한국문협 해외심포지움 참석(7.28~30, L.A.에서)
　　9 : 日本 아오모리 지방 여행(9.20~24)
　　10 : 光州 東區公園에 詩碑 세움(10.17)
2001. 4 : 국립 전통문화대학교 詩碑 건립
　　5 : 전남 진도시에 "진도찬가" 詩碑 건립
　　5 : 제11회 片雲文學賞 施賞(5.2, 鄭浩承(本賞), 李尚鎬(本賞), 박윤우(新人賞))
　　6 : 경기 안성의 태평무전수관에 "한성준 춤비" 시비 건립
　　9 : 제10시집 "낮은 목소리로" 독일어판 출간(Wha Seon Roske-Cho 譯 "Mit Leiser Stimme", Peperkorn)
　　9 : 日本 후쿠시마(福島) 지방 여행(9.24~28)
　　10 : 스페인 바르셀로나의 '마라톤 우승 기념벽'에 기념시 설치
　　11 : 제51시집 《세월의 이삭》 출간(11.1, 월간에세이사)
2002. 5 : 제12회 편운문학상 시상(5.2, 愼重信(本賞), 柳子孝(本賞), 박찬일(優秀賞))
　　5 : 제52시집 《남은 세월의 이삭》 출간(5.10, 동문선)
2003. 1 : 노환으로 경희의료원(회기동) 918호에 입원(1.8)
　　2 : 수필집 《편운재에서의 편지》 출간(2.8, 문학수첩)
　　3 : 동 병원 내과 중환자실에서 영면(3.8, 토요일 오후 8시 55분), 5일장으로 원불교식 가족장으로 장례를 치름, 영결식 (원불교식 명칭:發靷式 3.12, 수요일 오전 8시부터 9시 20분까지)에서 시인 허영자, 이성부가 추도시를 낭송하고 예술원장 차범석의 추도사, 문학평론가 김재홍의 문학세계 소개, 문학평론가 김양수의 약력 보고가 있었음.

　　　　3 : 오전 9시 30분 영결식장을 출발하여 경희대 문과대학과 혜화로타리를 경유하여 한남대교, 경부고속도로, 오산인터체인지, 송전을 지나 난실리 도착(12시 20분), 마을 주민들이 전통 상례에 의거 노제를 지내고 상여 행렬로 산38의 1번지 선영에 도착, 하관함(1시 15분),
　　　　150여 조문객이 함께 했음.
　　　　3 : 시선집 《사랑이 그러하듯이》 출간(3.15, 우리글)
2003. 4 : 난실리 편운재 뜰에서 시비 제막식 거행(4.25, 2시, 시 꿈의 귀향. 시인 김남조, 오세영, 박이도, 김광규, 김대규, 이생진, 임보, 홍해리, 등 100여명 참석)
2003. 5 : 제13회 편운문학상 시상(5.2, 牛耳詩會(本賞), 홍용희(優秀賞))
　　　　5 : 영역 조병화 시선집 《The Dream Goes Home》 출간(5.20, Universal Press)
　　　　5 : 문학의 집 서울에서 음악이 있는 문학의 밤-조병화 시인 추모의 밤 개최(5.23, 오후 6시. 성악가 오현명, 작곡가 최영섭, 시인 김후란, 성춘복, 김유선 등을 비롯 100여명의 문인, 문학동호인들이 참석. 노래와 시낭송 그리고 선생의 시세계와 인생에 대해 얘기함. 선생의 자제 조진형 씨의 부친에 대한 회고담이 있었음.)
　　　　6 : 난실리에서 백일재를 기하여 묘소 참배하고 시낭송회 등 거행(6.15, 시인 성춘복, 황금찬, 허영자 등 30여명 참석)
　　　10 : 제 1회 꿈의 시낭송 대회 개최 (10.8, 편운문학관)
　　　　　대상 (조아란) 최우수상 (박재황 유광구 이효진) 우수상 (정미혜 정민희 고지애) 장려상 (박희진 외 5명)
2004. 4 : 제 14회 편운문학상 시상(4.30, 나태주(本賞), 이숭원(本賞), 조예린(新人賞))
2004. 5 : 제 1회 꿈과 사랑의 시축제 개최 (5.4~9 편운문학관)

꿈과 사랑의 시화전(5.4~9) 편운 조병화 문학 심포지엄 (5.4) 제2회 꿈의 시낭송 대회(5.8) 최우수상 (박재황, 황선례) 우수상 (조민정 외 4명) 장려상 (김연희 외 6명)

趙炳華 詩集

제 1시집	버리고 싶은 遺産	1949. 7. 1	珊瑚莊
제 2시집	하루만의 慰安	1950. 4.13	珊瑚莊
제 3시집	貝殼의 寢室	1952. 8.18	正音社
제 4시집	人間孤島	1954. 3.20	珊瑚莊
제 5시집	사랑이 가기 전에	1955.11. 5	正音社
제 6시집	서울	1957.11.20	成文閣
제 7시집	石阿花	1958. 3.15	正音社
제 8시집	기다리며 사는 사람들	1959.11.	成文閣
제 9시집	밤의 이야기	1961.10.	正音社
제10시집	낮은 목소리로	1962.11.10	中央文化社
제11시집	共存의 理由	1963. 6.30	宣明文化社
제12시집	쓸개포도의 悲歌	1963.10.25	東亞出版社
제13시집	時間의 宿所를 더듬어서	1964.10.30	良知社
제14시집	내일 어느 자리에서	1965.11.15	春潮社
제15시집	가을은 남은 거에	1966.12.10	成文閣
제16시집	假宿의 램프	1968. 4.30	民衆書舘
제17시집	내 고향 먼 곳에	1969.12.15	中央出版公社
제18시집	오산 인터체인지	1971. 2.20	文苑社
제19시집	별의 市場	1971.11.10	同和出版公社
제20시집	먼지와 바람 사이	1972.10.20	同和出版公社
제21시집	어머니	1973.12.25	中央出版公社
제22시집	남 남	1975. 7.20	一志社
제23시집	窓안에 窓밖에	1976.10.30	悅話堂
제24시집	딸의 파이프	1978. 6.15	一志社
제25시집	안개로 가는 길	1981. 9.15	一志社

제26시집 머나먼 約束	1983.10. 4	現代文學社
제27시집 나귀의 눈물	1985. 6. 5	正音社
제28시집 어두운 밤에도 별은 떠서	1985. 6. 5	惠珍書舘
제29시집 해가 뜨고 해가 지고	1985.12. 1	5象社
제30시집 외로운 혼자들	1987. 5.15	韓國文學社
제31시집 길은 나를 부르며	1987.12.20	청하출판사
제32시집 혼자 가는 길	1988.10. 5	宇一文化社
제33시집 지나가는 길에	1989.11.10	新苑文化社
제34시집 후회없는 고독	1990. 5. 2	美學社
제35시집 찾아가야 할 길	1991. 3.15	人文堂
제36시집 낙타의 울음소리	1992. 1. 5	東文選
제37시집 타향에 핀 작은 들꽃	1992. 4.15	시와시학사
제38시집 다는 갈 수 없는 세월	1992.11.10	惠化堂
제39시집 잠 잃은 밤에	1993. 9. 5	東文選
제40시집 개구리의 명상	1994. 7.20	東文選
제41시집 내일로 가는 밤길에서	1994.12.10	문학수첩
제42시집 시간의 속도	1995.10.31	융성출판사
제43시집 서로 따로 따로	1996. 4.28	예니출판사
제44시집 아내의 방	1997. 5. 2	東文選
제45시집 그리운 사람이 있다는 것은	1997.11.20	東文選
제46시집 황혼의 노래	1997.10.20	마을
제47시집 먼 약속	1998. 4.30	마을
제48시집 기다림은 아련히	1998.11.30	가야미디어
제49시집 따뜻한 슬픔	1999.11.20	東文選
제50시집 고요한 귀향	2000. 3.10	시와시학사
제51시집 세월의 이삭	2001.11. 1	월간에세이
제52시집 남은 세월의 이삭	2002. 5.	東文選
제53시집 넘을 수 없는 세월	2005. 3. 8	東文選

第53宿
넘을 수 없는 세월

초판발행 : 2005년 3월 7일

東文選
제10-64호, 78. 12. 16 등록
110-300 서울 종로구 관훈동 74
전화 : 737-2795

ISBN 89-8038-855-1 03810